W9-BMN-785

# MIEMBRO DEL CONGRESO

Por Jacqueline Laks Gorman
Consultora de lectura: Susan Nations, M. Ed.,
autora/tutora de lectoescritura/consultora

**WEEKLY READER®**

PUBLISHING

**Please visit our web site at www.garethstevens.com**
**For a free color catalog describing our list of high-quality books,**
**call 1-800-542-2595 (USA) or 1-800-387-3178 (Canada). Our fax: 1-877-542-2596**

**Library of Congress Cataloging-in-Publication Data**

Gorman, Jacqueline Laks, 1955–
    [Member of Congress. Spanish]
    Miembro del Congreso / por Jacqueline Laks Gorman ; Spanish translation,
Tatiana Acosta and Guillermo Gutiérrez.
        p. cm. — (Conoce tu gobierno)
    Includes bibliographical references and index.
    ISBN-10: 1-4339-0101-3  ISBN-13: 978-1-4339-0101-0 (lib. bdg.)
    ISBN-10: 1-4339-0129-3  ISBN-13: 978-1-4339-0129-4 (soft cover)
    1.  Legislators—United States—Juvenile literature. 2.  United States. Congress—
Juvenile literature. I. Title.
    JK1025.G67   2008
    328.73—dc22
                                       2008040640

This edition first published in 2009 by
**Weekly Reader® Books**
An Imprint of Gareth Stevens Publishing
1 Reader's Digest Road
Pleasantville, NY 10570-7000 USA

Copyright © 2009 by Gareth Stevens, Inc.

Executive Managing Editor: Lisa M. Herrington
Editors: Brian Fitzgerald and Barbara Kiely Miller
Creative Director: Lisa Donovan
Senior Designer: Keith Plechaty
Photo Researchers: Charlene Pinckney and Diane Laska-Swanke
Spanish Translation: Tatiana Acosta and Guillermo Gutiérrez
Publisher: Keith Garton

Photo credits: cover & title page © Mike Theiler/Reuters/Corbis; p. 5 White House photo by Shealah Craighead;
p. 6 Ron Edmonds/AP; p. 7 Shutterstock; p. 9 Manuel Balce Ceneta/AP; p. 10 White House photo by Tina
Hager; p. 11 Shutterstock; p. 12 Photo by Spc. Grant Okubo; p. 13 Douglas C. Pizac/AP; p. 15 Dennis Cook/
AP; p. 16 © Kean Collection/Getty Images; p. 17 Joe Raedle/Getty Images; p. 18 Courtesy Barack Obama;
p. 19 © Stock Montage, Inc.; p. 20 © New York Times Co./Getty Images; p. 21 Kathy Willens/AP.

Printed in the United States of America

1 2 3 4 5 6 7 8 9 10 09 08

Cubierta: Nancy Pelosi ha sido representante de California desde 1987. Es la portavoz de la Cámara de
Representantes, el puesto con más poder del Congreso.

# CONTENIDO

Las palabras del glosario se imprimen en letra
**negrita** la primera vez que aparecen en el texto.

# CAPÍTULO 1

# ¿Qué es el Congreso?

El Congreso es una parte importante del gobierno **federal**, o nacional. El Congreso hace las leyes de la nación. El Congreso tiene dos partes: el Senado y la Cámara de Representantes. Cada estado **elige** a sus miembros del Congreso.

Los hombres y mujeres que sirven en el Senado reciben el nombre de **senadores**. Hay 100 senadores. Cada uno de los 50 estados tiene dos senadores. Cada senador representa a todo su estado.

En enero, el presidente pronuncia un importante discurso ante los miembros del Congreso.

En 2007, Nancy Pelosi fue nombrada portavoz de la Cámara de Representantes. Es la primera mujer en ocupar ese importante puesto.

La Cámara de Representantes tiene 435 miembros. Cada estado tiene al menos un **representante**. Los estados que tienen más habitantes tienen más representantes.

Por lo general, éstos no representan a todos los habitantes del estado, sino a las personas que viven en una zona en ese estado.

Todos los miembros del Congreso trabajan en Washington, D.C. Se reúnen en el edificio del Capitolio.

Los miembros del Congreso viven en dos lugares. Parte del año, viven en Washington, D.C. El resto del tiempo viven en su estado.

Los miembros del Congreso se reúnen en el edificio del Capitolio, en Washington, D.C.

7

# CAPÍTULO 2

# ¿Qué hace el Congreso?

La función principal del Congreso es hacer las leyes. La idea de una nueva ley recibe el nombre de **proyecto de ley**. Cualquier miembro del Congreso puede presentar un proyecto de ley. Antes de convertirse en ley, el proyecto pasa por muchas etapas. Las dos partes del Congreso estudian el proyecto y votan para decidir si se aprueba.

En septiembre de 2008, los senadores se reunieron para debatir un proyecto de ley de ayuda a las empresas.

Si un senador redacta un proyecto de ley, los demás senadores lo estudian. Después, el Senado vota. Si la mayoría de los senadores votan a favor, el proyecto pasa a la Cámara. La Cámara estudia entonces el proyecto de ley y vota también. Para que un proyecto sea aprobado, una mayoría de los representantes debe votar a favor. Pero el proyecto aún no se convierte en ley. Para eso, debe ser presentado ante el presidente.

En 2004, los miembros del Congreso asistieron a la ceremonia de firma en la que el presidente George W. Bush aprobó una ley de ayuda a personas con problemas de aprendizaje.

HIGH STANDARDS FOR EVERY CHILD

Si el presidente firma el proyecto, éste se convierte en ley. Si el presidente no está de acuerdo, puede **vetar** el proyecto de ley, o negarse a firmarlo. El Congreso puede volver a votar. Dos tercios de la Cámara y del Senado deben aprobarlo. Si eso sucede, ¡el proyecto se convierte, por fin, en ley!

El Congreso también decide cómo el gobierno se gasta el dinero. El Congreso colabora con el presidente para hacer un presupuesto. El **presupuesto** es un plan que determina cómo el gobierno obtiene el dinero y cómo lo gasta. En el presupuesto se incluye dinero para escuelas, centros de salud y otros servicios importantes.

Una gran cantidad de dinero del presupuesto federal va destinado a las escuelas.

El Congreso suele celebrar audiencias para debatir la guerra en Irak.

Los miembros del Congreso también celebran audiencias para debatir cuestiones de importancia. En ellas se analizan los problemas de la nación y se buscan soluciones.

El Congreso también debe aprobar **tratados**, o acuerdos, con otras naciones. Los senadores dan su aprobación a las personas que el presidente elige para algunos puestos en el gobierno.

Los miembros del Congreso también ayudan a los habitantes de sus estados o distritos. Los senadores y los representantes visitan con frecuencia los estados de donde proceden. Allí, hablan con las personas a las que representan. Así conocen sus necesidades y se aseguran de que el gobierno les presta ayuda.

En agosto de 2006, el senador Orrin Hatch se reunió con algunas personas de su estado, Utah.

# CAPÍTULO 3

# ¿Cómo llega alguien a ser miembro del Congreso?

Para convertirse en senador, una persona debe tener al menos 30 años y debe haber sido **ciudadana** de Estados Unidos durante al menos 9 años. Además, debe vivir en el estado al que desea representar.

Los representantes deben tener, al menos, 25 años, y deben haber sido ciudadanos durante, al menos, siete años. Deben vivir en el distrito al que representan.

En 2006, los nuevos miembros del Congreso posaron en las escalinatas del edificio del Capitolio.

Los miembros de la Cámara de Representantes se presentan a las elecciones cada dos años. Los senadores se presentan cada seis años. Todos los miembros del Congreso pueden presentarse a la reelección tantas veces como deseen. Algunos han estado en el Congreso durante muchos años.

Llamamos **candidatos** a las personas que se presentan a unas elecciones. Los candidatos al Congreso dan a conocer sus ideas de muchas maneras. Viajan por su estado o distrito, hablan con los votantes y pronuncian discursos. También participan en **debates** con otros candidatos.

En 1858, Abraham Lincoln (izquierda) y Stephen Douglas (derecha) se presentaron como candidatos al Senado por Illinois. Participaron en varios debates para dar a conocer sus ideas.

A veces, la gente tiene que hacer largas colas para votar el Día de las Elecciones.

El Día de las Elecciones se celebra a principios de noviembre. Los votantes acuden a escuelas y otros lugares de su comunidad para votar por el candidato que prefieren. El candidato que recibe más votos resulta elegido. Los nuevos miembros del Congreso toman posesión en enero.

# CAPÍTULO 4

# Miembros del Congreso famosos

Muchos miembros del Congreso han hecho cosas importantes por la nación. Varios han servido en el Congreso durante muchos años. Algunos incluso llegaron a ser presidentes.

El presidente Barack Obama fue antes senador del estado de Illinois.

John Quincy Adams fue el sexto presidente de Estados Unidos. Antes de convertirse en presidente, Adams fue senador.

Después de su etapa como presidente, Adams fue representante durante 18 años. Es el único que ha servido en la Cámara después de haber sido presidente. Como miembro del Congreso, Adams se opuso a la esclavitud.

John Quincy Adams fue presidente desde 1825 hasta 1829.

En 1916, Jeannette Rankin se convirtió en la primera mujer que ganó unas elecciones al Congreso.

Jeannette Rankin fue la primera mujer que sirvió en el Congreso. En 1916, fue elegida como representante de Montana. Desde entonces, muchas otras mujeres han ganado elecciones al Congreso.

Hillary Rodham Clinton está casada con el ex presidente Bill Clinton. Fue la primera dama de Estados Unidos desde 1993 hasta 2001. En el año 2000, ganó las elecciones al Senado. Es la única mujer que ha sido elegida después de haber sido primera dama. Como todos los miembros del Congreso, se esforzó por mejorar nuestra nación.

La senadora Hillary Rodham Clinton (con su esposo, Bill Clinton) representó al estado de Nueva York.

# Glosario

**candidatos:** personas que se presentan a un cargo electivo

**ciudadano:** persona que tiene ciertos derechos en una nación, como el derecho al voto

**debates:** discusiones formales entre los candidatos en las que éstos explican su postura respecto a temas importantes para la nación

**elegir:** escoger a un líder mediante una votación

**federal:** nacional. El gobierno federal es el gobierno de Estados Unidos.

**presupuesto:** plan que determina cómo se obtiene y se gasta el dinero

**proyecto de ley:** propuesta escrita para una nueva ley

**representante:** miembro de la Cámara de Representantes, una de las dos partes del Congreso

**senadores:** miembros del Senado, una de las dos partes del Congreso

**tratados:** acuerdos entre países

**vetar:** negarse a dar la aprobación

# Más información

### Libro

*¿Qué es un Congreso?* Mi primera guía acerca del gobierno
(series). Nancy Harris (Heinemann, 2007)

## Páginas web

### El Congreso para niños
*www.congressforkids.net*
Esta página explica cómo funcionan y qué hacen las dos partes
del Congreso.

### Niños en la Cámara
*clerkkids.house.gov*
Den un paseo por el edificio del Capitolio, conozcan mejor el
Congreso y aprendan cómo se hacen las leyes.

**Nota de la editorial a los padres y educadores:** Nuestros editores han revisado con cuidado las
páginas web para asegurarse de que son apropiadas para niños. Sin embargo, muchas páginas web
cambian con frecuencia, y no podemos garantizar que sus contenidos futuros sigan conservando
nuestros elevados estándares de calidad y de interés educativo. Tengan en cuenta que los niños
deben ser supervisados atentamente siempre que accedan a Internet.

# Índice

# Información sobre la autora

La escritora y editora Jacqueline Laks Gorman creció en la ciudad de Nueva York. Jacqueline ha trabajado en muchos tipos de libros y ha escrito varias colecciones para niños. Vive en DeKalb, Illinois, con su esposo David y sus hijos, Colin y Caitlin. Se registró para votar cuando cumplió dieciocho años y desde entonces participa en todas las elecciones.